欽定四庫全書　子部八

提要

畫史　藝術類一書畫之屬

臣等謹案畫史一卷宋米芾撰芾字元章史浩兩鈔摘腴曰芾自號鹿門居士黃溍筆記曰元章自署姓名米或為芉芾或為黻又稱海岳外史又稱襄陽漫仕周必大平園集有章友直畫蠹跋曰後題無礙居士即米元章

蓋芾性好奇故屢變其稱如是宋史本傳作吳人誤也芾初以其母侍宣仁后藩邸舊恩補浛光尉官至禮部員外郎知淮南軍史稱其妙於翰墨繪畫自名一家尤精鑒裁此書皆舉其生平所見名畫品題真偽或間及裝褙收藏及考訂譌謬歷代賞鑑之家奉為圭臬中亦有未見其畫而載者如王球所藏兩漢至隋帝王像及李公麟所說王獻之畫之

類蓋芾作書史皆所親見作寶章待訪錄則
以目睹的聞分類編次此則已見未見相雜
而書其體例各異不嫌並存也

書史

藝術類一　書畫之屬

臣等謹案書史一卷宋米芾撰是編評論前
人真蹟皆以目歷者為斷故始自西晉迄於
五代凡印章跋尾紙絹裝褙俱詳載之中如
言叙帖辨為右軍書而斥柳公權之誤作子

敬智永千文驗為鍾紹京歐陽詢書魏泰收虞世南草書則又定為智永作類皆辨別精微不爽錙黍所錄詩文亦多出於聞見之外如許渾詩湘潭雲盡暮山出句此載渾手寫烏絲欄墨蹟內暮山實作暮烟知今世所行丁卯集本為誤楊慎作丹鉛錄嘗攘其說而諱所自來是亦足資考證不但為鑒賞翰墨之資也惟卷末論私印一條謂印關吉凶歷

引當時三省印御史臺印宣撫使印皆以篆文字畫卜官之休咎考隋書經籍志有魏征東將軍程申伯相印法一卷三國志注夏侯尚傳末附許允相印事引相印書曰相印法本出陳長文以語韋仲將印工楊利從仲將受法以語許士宗（案士宗即許允之字）利以法術占吉凶十可中八九仲將又問長文從誰得法長文曰本出漢世有相印相笏經又有鷹經牛

經馬經印工宗養以法語程申伯於是有一十二家相法是古原有此術然𦍑未必能得其傳殆亦謬為附會徒為好異而已矣乾隆四十六年十月恭校上

總纂官臣紀昀臣陸錫熊臣孫士毅

總校官臣陸費墀

畫史

宋　米芾　撰

杜甫詩謂薛少保惜哉功名迕但見書畫傳甫老儒汲汲於功名豈不知固有時命殆是平生寂寥所慕嗟乎五王之功業尋為女子笑而少保之筆精墨妙摹印亦廣石泐則重刻絹破則重補又假以行者何可數也然則才子鑒士寶鈿瑞錦繅襲數十以為珍玩回視五王之烨烨皆糠粃埃壒奚足道哉雖孺子知其不逮少保

遠甚明白余故題所得蘇氏薛稷二鶴云遼海未稀顧螻蟻仰霄孤唳留清耳從容雅步在庭除浩蕩閒心存萬里乘軒未失入佳談寫真不妄傳詩史好事心靈自不凡臭穢功名皆一戲武功中令應天人束髮寮陽侍帝晨連城照乘不保寶黃圖孔諧悉珍真百齡生我欲公起九原蕭蕭松薿薿得公遺物非不多賞物懷賢心不已其後以帖易與蔣長源字仲永吾書畫友也余平生嗜此老矣此外無足為者嘗作詩云棐几延毛子明

牕館墨卿功名皆一戲未覺負平生九原不可作漫呼杜老曰杜二酹汝一卮酒愧汝在不能從我遊也故敘平生所覩以示子孫題曰畫史識者為予增廣耳目也

晉畫

顧凱之維摩天女飛仙在余家

女史箴横卷在劉有方家已上筆彩生動髭髮秀潤太宗實錄載購得顧筆一卷今士人家收得唐摹顧筆列女圖至刻板作扇皆是三寸餘人物與劉氏女史箴一

同

吾家維摩天女長二尺名畫記所謂小身維摩也

戴逵觀音在余家天男相無髭皆貼金

六朝畫

蘇氏古賢像十人一卷衣紋自非晉筆

蔣長源字仲永收宣王姜后免冠諫圖宣王白帽此六朝冠也

王戎象元在余家易李邕帖與呂端問已上皆假顧凱

之筆元以懷素帖易于王詵字晉卿家
梁武帝翻經象在宗室仲忽處亦假顧筆
天帝釋象在蘇泌家皆張僧繇筆也張筆天女宮女面
短而艷顧乃深靚為天人相武帝作居士服反脣露齒
宮女四人擎花後四武士持戈劒髮如神也
余家收英布象類六朝時石刻

唐畫 五代 國朝附

唐初畫高鳳并梁鴻故事横卷在蔡堪字道勝家

唐太宗步輦圖有李德裕題跋人後脚差是閻令畫真
筆今在宗室仲爰君發家
道德經一卷出相間不知何人畫絹本字大小不匀真
褚遂良書在范相堯夫家與馮京當世家西昇經不同
雖有裴度柳公權跋非閻令畫褚筆唐人自不鑒爾
蘇氏種瓜圖絶畫故事蜀人多作此等畫工甚非閻立
本筆立本畫皆著色而細銷銀作月色布地今人收得
便謂之李將軍思訓皆非也江南李主多有之以內合

同印集賢院印印之葢收逺物或是珍貢

王維畫小輞川摹本筆細在長安李氏人物好此定是真若比世俗所謂王維全不類或傳宜與楊氏本上摹得

張修字誠之少卿家有辟支佛下畫王維仙桃巾黄服合掌項禮乃是自寫真與世所傳闕中十大弟子真法相似是真筆世俗以蜀中畫騾綱圖劔門關圖為王維甚衆又多以江南人所畫雪圖命為王維但見筆清秀

者即命之如蘇之純家所收魏武讀碑圖亦命之維李冠卿家小卷亦命之維與讀碑圖一同今在余家長安李氏雪圖與孫載道字積中家雪圖一同命之為王維也其他貴侯家不可勝數諒非如是之衆也

文彥博太師小輞川拆下唐跋自連真還李氏一日同出坐客皆言太師者真唐張彥遠名畫記云類道子又云雲峯石色絕迹天機筆思縱橫參於造化孫氏圖僅有之餘未見此趣

蘇軾子瞻家收吳道子畫佛及侍者誌公十餘人破碎甚而當面一手精彩動人點不加墨口淺深暈成故最如活

王防字元規家二天王皆是吳之入神畫行筆磊落揮霍如蓴菜條圜潤折算方圓凹凸裝色如新與子瞻者一同

李公麟字伯時家天王雖佳細弱無氣格乃其弟子輩作貴侯家所收率皆此類也

宗室令穰字大年處天蓬亦真吳筆

周種字仁熟家大悲亦真今人得佛則命為吳未見真者唐人以吳集大成面為格式故多似尤難鑒定余白首止見四軸真筆也

世俗見馬即命為曹韓韋見牛即命為韓滉戴嵩甚可笑唐名手衆未易定惟薛道祖紹彭家九馬圖合杜甫詩是真曹筆餘唐人大抵不相遠也又金陵有唐人韓滉畫牛今人皆命為戴嵩差瘦也

馬佳本所見高公繪字君素二馬一齕草一嘶王詵家二馬相咬是一本後人分開賣蘇澂字志東家三匹王元規家一匹宗室令穰家五匹劉涇字巨濟家三匹皆筆法相似並唐人妙手也劉所收白子母牛王仲修字敏夫家黑牛令穰家黑牛皆命為戴甚相似貴侯家多不同皆命為戴不可勝數

張退傅丞相孫德淑收仁宗畫黑猿上有小御寳旁一印胡蘆王素字畫奇甚

唐畫張志和顏魯公樵青圖在朱長文字伯原家無名人畫甚佳今人以無名命為有名不可勝數故諺云牛即戴嵩馬即韓幹鶴即杜荀象即章得也

山水李成只見二本一松石一山水四軸松石皆出盛文肅家今在余齋山水在蘇州寶月大師處秀甚不凡松勁挺枝葉鬱然有陰荆楚小木無冗筆不作龍蛇鬼神之狀今世貴侯所收大圖猶如顏柳書藥牌形貌似爾無自然皆凡俗林木怒張松榦枯瘦多節小木如柴

無生意成身為光祿丞第進士子祐為諫議大夫孫宥
為待制贈成金紫光祿大夫使其是凡工衣食所仰亦
不如是之多皆俗手假名余欲為無李論
巨然師董源今世多有本嵐氣清潤布景得天真多巨
然少年時多作礬頭老年平淡趣高
劉道士亦江南人與巨然同師巨然畫則僧在主位劉
畫則道士在主位以此為別
董源平淡天真多唐無此品在畢宏上近世神品格高

無與比也峯巒出没雲霧顯晦不裝巧趣皆得天真嵐色鬱蒼枝幹勁挺咸有生意溪橋漁浦洲渚掩映一片江南也

關仝人物俗石木出於畢宏有枝無幹

張友正家收古柏一株枝枝如龍虵糺結甚異石亦皴澀不凡題為韋偃平生收畫後多歸王

大抵牛馬人物一模便似山水摹皆不成山水心匠自得處高也

滕昌祐邊鸞徐熙徐崇嗣花皆如生黄筌惟蓮差勝雖
富豔皆俗
李王山水唐希雅黄筌之倫翎毛小筆人收甚衆好事
家必五七本不足深論
李瑋公炤自言收李成八幅此特以氣與好事相尚爾
宗室仲忽字周臣收孫可元笠澤垂釣圖亦不俗然世
無可元筆又收唐道德經一卷人物三寸許皆如吳畫
潤州節推莊畧字節之青州人收麻紙爾雅圖衣冠人

物與蘇氏一同

王球夔玉收西域圖謂之閻令畫褚遂良書與馮京家同假名耳

將長源字永仲家周昉三楊圖馮京當世家横卷皆入神

蘇州丁氏五星圖宗室叔盎字伯充家金星一小幀並真迹也

宗少文一筆畫唐人摹絹本在劉季孫家故蘇太簡物

薛稷鶴在蘇之孟家

北史人物衣冠乘馬甚古亦在蘇之孟家題云曹將軍
也

徐熙大小折枝吾家亦有士人家往往見之翎毛之倫
非雅玩故不錄桃一大枝謂之滿堂春色在余家

李公麟家展子虔朔方行小人物甚佳韓馬破裂四足
如涉水中皆南唐文房物

宗室仲爰字君發收唐畫陶淵明歸去来其作廬山有

趣不俗

楊崇字之損收唐畫村田踏歌樂上題廣政年入御府人物亦佳

凡收畫必先收唐希雅徐熙等雪圖巨然或范寛山水圖齊整相對者裝堂遮壁乃於其上旋旋掛名筆絹素大小可相當成對者又漸漸掛無對者蓋古畫大小不齊鋪掛不端正若晉筆須第二重掛唐筆為襯乃可掛也許道寧不可用模人畫太俗也

余家顧淨名天女長二尺五應名畫記所述之數唐鏤牙軸紫錦裝褾李公麟見之賞愛不已親琢白玉牌鼎銘古篆虎頭金粟字皆碾雲鶴以結緣也

戴逵觀音亦在余家家山乃逵故宅其女捨宅為寺寺僧傳得其相天男端靜舉世所覩觀音作天女相者皆不及也名畫記云自漢始有佛至逵始大備也

古畫若得之不脫不須背褾若不佳換褾一次背一次壞屢更矣深可惜蓋人物精神髮彩花之穠艷蜂蝶只

在約略濃淡之間一經背多或失之也

蔡駰子駿家收老子度關山水林石車從關令尹喜皆奇古老子乃作端正塑像戴翠色蓮華冠手持碧玉如意此蓋唐為之祖故不敢畫其真容漢畫老子于蜀郡石室有聖人氣象想去古近當是也

仲爰收巨然半幅横軸一風雨景一皖公山天柱峰圖清潤秀拔林路縈回真佳製也

余家董源霧景横披全幅山骨隱顯林梢出没意趣高

古
余家所收李成至李冠卿大扇愛之不已為天下之冠
既購得之背於真州昭宣使宋用臣自舒州召還見之
太息云慈聖光獻太后於上溫凊小次盡購李成畫貼
成屏風以上所好至輒玩之因吳丞相冲卿夫人入朝
太后使引辨真偽成之孫女也內以四幀為真拆奉上
別購補之敕用臣背於內東門正與此類因語泣然囑
吾愛惜余亦甚珍之及得盛文肅家松石片幅如紙幹

挺可為隆棟枝茂淒然生陰作節處不用墨圈下一大
點以通身淡筆空過乃如天成對面皴石圓潤突起至
坡峯落筆與石脚及水中一石相平下用淡墨作水相
準乃是一磧直入水中不若世俗所效直斜落筆下更
無地又無水勢如飛空中使妄評之人以李成無脚蓋
未見真耳劉涇自以李成真筆多於是出示之乃良久
曰此必成師也

唐希雅作林竹韵清楚但不合多作禽鳥又作棘林間

戰筆小竹非善是效其主李重光耳

錦峰白蓮居士又稱鍾峰隱居又稱鍾峰隱者皆李重光畫自題號意是鍾山隱居耳每自畫必題曰鍾隱筆

上著内殿圖書之印及押用内合同集賢院黑印有此印者是典於文房物也

内合同乃其璽唐室皆用内合同為御印至梁高祖始用御前之印也錢氏以内院倣之封函曰制姓名内曰制公某人可某官官上用此印日月用國印

令人絶不畫故事則為之人又不考古衣冠皆使人發
笑古人皆云某圖是故事也蜀人有晉唐餘風國初已
前多作之人物不過一指雖乏氣格亦秀整林木皆用
重色清潤可喜今絶不復見矣
范寛師荆浩浩自稱洪谷子王詵甞以二畫見送題勾
龍爽畫因重背入水於左邊石上有洪谷子荆浩筆字
在合緑色抹石之下非後人作也然全不似寛後數年
丹徒僧房有一軸山水與浩一同而筆乾不圜於瀑水

邊題華原范寬乃是少年所作郤以常法較之山頂好作密林自此趨枯老水際作突兀大石自此趨勁硬信荆之弟子也於是以一畫易之收以示鑒者

荆浩畫畢仲愈將叔處有一軸段緘家有横披然未見卓然驚人者寬固青於藍又云李成師荆浩未見一筆相似師關仝則葉樹相似

關仝真迹見二十本范寬見三十本其徒甚多滕昌祐邊鸞各見十本丘文播花木見三十本祝夢松雪竹見

五本巨然劉道士各見十本餘董源見五本李成真見兩本偽見三百本徐熙崇嗣花果見三十本黄筌居寀居實見百本李重光見二十本偽吳生見三百本

闕中小孟人謂之今吳生以壁畫筆上絹素一一如刀劃道子界墨訖則去弟子裝之色蓋本筆再添而成唯恐失真故齊如劃小孟遂只見壁畫不見其真至於點睛皆用濃墨愈光愈失神彩不活又畫人面耳邊地濶口鼻眼相近武宗元亦然以吳生畫其手多異然本非

用意各執一物理自不同宗元乃為過海天王二十餘
身各各高呈似其手各作一樣一披之猶一羣打令鬼
神不覺大笑俗以為工也
李公麟病右手三年余始畫以李嘗師吳生終不能去
其氣余乃取顧高古不使一筆入吳生又李筆神彩不
高余為目睛面文骨木自是天性非師而能以俟識者
唯作古忠賢象也
東丹王胡環蕃馬見七八本雖好非齋室清玩

余昔購丁氏蜀人李昇山水一幀細秀而潤上危峰下橋涉中瀑泉松有三十餘株小字題松身曰蜀人李昇以易劉涇古帖劉刮去字題曰李思訓易與趙叔盎今人好偽不好真使人歎息

沈括存中家收周昉五星與丁氏一同以其淨處破碎遂隨筆剪却四邊帖於碧絹上成横軸使人太息

王舉字定國收李成雪景六幅清潤今歸林希字子中家又收唐竹圖著色亦好一横竹比他竹大麗也

余家收唐人麻紙畫揚子雲腰下懸一兕觥細轉條索
蔣永仲收古銅兕觥其形勢骨髗凹凸全備轉旋條索
亦如余家畫遂以帖易去以證謂之子雲觥
潤州甘露寺張僧繇四菩薩長四尺一板長八尺許又
陸探微神面黄口角露二向上齒金甲手持幡下一白
獅子神彩驚人殿梁天監中蓋拱明間有二吳道子行
脚僧吾移置行脚僧於淨名齋以避風雨已上並會昌
中廢寺於本道合毀寺處移来於此寺其殿中置明皇

銅像因得不廢元符末一旦為火所焚六朝遺物掃地江左更無一晉筆藏是六朝所書卷末晉王總持煬帝小字也平江南鳩集置寺題跋具存李衛公祠手植檜皆焚蕩寺後重重金碧參差多景樓面山背海為天下甲觀五城十二樓不過也所存惟衛公鐵塔米老庵二間余作詩悼之曰色政重重構春歸戶戶嵐槎浮龍委骨畫失獸遺眈神護衛公塔天留米老庵栢梁終厭勝會副越人談

縈容道字詢之收雪獵圖命為王維不類張氏辟支佛所畫合掌象林木類蜀人筆雪山精好是唐物維則未也

李冠卿少卿收雙幅大折枝一千葉桃一海棠一梨花一大枝上一枝向背五百餘花皆背一枝向面五百餘花皆面命為徐熙余細閱於一花頭下金書臣崇嗣上進公歎曰平生所好終被弟看破破除平生念矣今歸

李萃老野夫家又收兩幅樓臺甚古上有三十餘宮人

唐裴約略行筆髮彩生動又收六幅大龍旁畫龍王不知何人筆精彩動人云五郡祈輒雨

易元吉徐熙後一人而已善畫草木葉心翎毛如唐徐後無人繼世但以獐猿稱可歎或云畫孝嚴殿壁畫院人妬其能只令畫獐猿竟為人鴆

趙昌王友之流如無才而善佞士初甚可惡終須憐而收錄裴堂嫁女亦不棄

王端學關仝人物益入俗

元靄傳寫真有神彩

孫知微作星辰多奇異不類人間所傳信異人也然是逸格造次而成平淡而生動雖清拔筆皆不凡學者莫及然自有瓌古圓勁之氣畫龍有神彩不俗也楊朏學吳生點睛髭鬢有意衣紋差圓尚為孫知微逸格所破

武岳學吳有古意子洞清元作佛象羅漢善戰掣筆作髭髮尤工天人畫壁髮彩生動然絹素畫以粉點眼久皆先落使人惜之南岳後殿壁天下奇筆

江南劉常花氣格清秀有生意圖在趙昌王友上
傳古龍如蜈蚣董羽龍如魚
趙叔盎家舊有出蟄圖江南畫魚蝦相随山石林木人
物如董源龍不俗佳作也是龍吞珠圖
曹仁熈水今古無及四幅圖内中心一筆長丈餘自此
分去高郵有水壁院
長沙富民收水鳥蘆花六幅圖乃唐人手妄題作韋偃
押字後人題也

古人圖畫無非勸戒今人撰明皇幸興慶圖無非奢麗
吳王避暑圖重樓平閣動人侈心
余嘗與李伯時言分布次第作子敬書練帬圖圖成乃
歸權要竟不復得余又嘗作支許王謝於山水間行自
挂齋室又以山水古今相師少有出塵格者因信筆作
之多烟雲掩映樹石不取細意似便已知音求者只作
三尺横挂三尺軸惟寶晉齋中挂雙幅成對長不過三
尺褾出不及椅所映人行過肩汗不著更不作大圖無

一筆李成關仝俗氣
禮部侍郎燕穆之司封郎宋迪復古直龍圖閣劉明復
皆師李成復古比二公特細秀作松枝而無向背荊楚
細甚秀
大夫蔣長源作著色山水頂似荊浩松身似李成葉取
真松為之如靈鼠尾大有生意石不甚工作凌霄花纏
松亦佳作
嗣濮王宗漢作蘆雁有佳思余題詩曰偃蹇汀眠雁蕭

梢風觸蘆京塵方滿眼速為喚花奴又曰野趣分苕水
風光剪鑑湖塵中不作惡為有鄴公圖
王詵學李成皴法以金碌為之似古今觀音寶陁山狀
作小景亦墨作平遠皆李成法也
宗室令穰大年作小軸清麗雪景類世所收王維汀渚
水鳥有江湖意
蘇軾子瞻作墨竹從地一直起至頂余問何不逐節分
曰竹生時何嘗逐節生運思清拔出於文同與可自謂

與文拈一瓣香以墨深為面淡為背自與可始也作成林竹甚精子瞻作枯木枝榦虬屈無端石皴硬亦怪怪奇奇無端如其胸中盤鬱也吾自湖南從事過黄州初見公酒酣曰君貼此紙壁上觀音紙也即起作兩枝竹一枯樹一怪石見與後晉卿借去不還

朝議大夫王之才妻南昌縣君李尚書公擇之妹能臨松竹木石畫見本即為之難卒辨文與可每作竹既人一朝士張潛迂疎修謹文作紆竹以贈之如是不一又

作橫綃丈餘著色偃竹以貺子瞻南昌過黃借得以傚
臨之後數年會余真州求詩非自陳不能辨也余曰偃
蹇宜如李揮毫已遍翁衛書無曲妙琰惠有遺工乍覩
虬如物初披颯有風顧藏唯謹鑰化去或難窮
章友直字伯益善畫龜蛇以篆筆畫亦有意又能以篆
筆畫棋盤筆筆相似其女並能之
杭僧真慧畫山水佛像近世出品惟翎毛墨竹有江南
氣象寫大牛大數尺形似虎

艾宣張涇寶覺大師翎毛蘆雁不俗寶覺畫一鶴王安上純甫見以謂薛稷筆取去

印湘見畫即摹無不亂真

杭士林生作江湖景蘆雁水禽氣格清絶南唐無此畫可並徐熙在艾宣張涇寶覺之右人罕得之

大抵畫今時人眼生者即以古人向上名差配之似者即以正名差配之好事者與賞鑒之家為二等賞鑒家謂其篤好遍閲記録又復心得或自能畫故所收皆精

品近世人或有貲力元非酷好意作標韵至假耳目於人此謂之好事者置錦囊玉軸以為珍祕開之或笑倒余輒撫案大叫曰慙惶殺人王詵每見余作此語亦常常道後學與曹貫道貫道亦嘗道之每見一可笑必曰米元章道慙惶殺人至書啟間語事每用之大抵近世人所收多可贈此語也

余老矣每求新賞與賞鑑之家博易書畫最多不一一記上多有印記可辨無非奇筆萬金之玩自付識者擊

節不為好事道

鍾離景伯字公序收燕公畫一幅題曰禮部侍郎燕穆之畫付女五娘氣格如此

王琪字君玉收王維畫堯民鼓腹圖

劉涇巨濟收唐人畫脫殼筍如生

錢藻字醇老收張璪松一株下有流水澗松上有八分詩一首斷句云近溪幽濕處全藉墨烟濃又有璪答詩在大夫孫載家

古書畫皆圜蓋有助於器晉唐皆鳳池研中心如瓦凹故曰研瓦如以一花頭瓦安三足爾墨稱螺製必如蛤粉此又明用凹研也一援筆因凹勢鋒已圓書畫安得不圜本朝研始心平如砥一援筆則褊故字亦褊唐詢字彥猷始作鐵心凸研云宜看墨色每援筆即三角字安得圜哉余稍追復其樣士人間有用者然稍平革鐵背未至於瓦惟至交一兩人頓悟者用之矣亦世俗不能發藥也

坦然明白易辨者顧陸吳周昉人物滕邊徐唐祝花竹翎毛荊李關董范巨然劉道士山水也戴牛曹韓馬韋馬亦復難辨蓋相似衆也今人畫亦不足深論趙昌王友鍾隱輩得之可遮壁無不為少程坦崔白侯封馬賁張自芳之流皆能汙壁茶坊酒店可與周越仲翼草書同挂不入吾曹議論得無名古筆差排猶足為尚友

端州有陳高祖之後收陳世諸佛帝真白畫唐使下御史姓韋作記頂幅巾不冠後主作醉舞狀

蘇泌家有巨然山水平淡奇絕

蘇洎字及之家有徐熙四花其家故物

蘇汶字達復有江南瞑禽圖徐熙一酸榴余家有丁晉公所收甜榴滕中孚元直有徐熙對花果子四軸

石楊休有吾家唐畫韋侯故事六橫幅山水人物車馬備具後人題作張萱易李邕帖衆物之一也并徐熙牡丹海棠兩幅也

余家收古畫最多因好古帖每自一軸加至十幅以易

帖大抵一古帖不論貲用及他犀玉瑠璃寶玩無慮十
軸名畫其上四角皆有余家印記見即可辨
余家晉唐古帖千軸蓋散一百軸矣今惟絶精只有十
軸在有奇書亦續續去矣晉畫必可保蓋緣數晉物命
所居為寶晉齋身到則挂之當世不復有矣書畫不可
論價士人難以貨取所以通書畫博易自是雅致今人
收一物與性命俱大可笑人生適目之事看久即厭時
易新玩兩適其欲乃是達者

余家最上品書畫用姓名字印審定真迹字印神品字印平生真賞印米芾祕篋印寶晉書印米姓翰墨印鑒定法書之印米姓祕玩之印玉印六枚辛卯米芾米芾之印米芾氏印米芾印米芾元章印米芾氏已上六枚白字有此印者皆絕品玉印唯著於書帖其他用米姓清玩之印者皆次品也無下品者其他字印有百枚雖參用於上品印也自畫古賢唯用玉印

馮永功字世勳有日本著色山水南唐亦命為李思訓

蘇澥浩然處見壽州人摹明皇幸蜀道圖人物甚小云
是李思訓本與宗室仲忽本不同
黃筌畫不足收易摹徐熙畫不可摹
蘇子美黃筌鸛鵒圖只蘇州有三十本更無少異今院
中作屏風畫用筌格稍舊退出更無辨處
王晉卿昔易六幅黃筌風牡丹圖與余後易白戴牛小
幅于才翁子鴻字逺復上有太宗御書戴嵩牛三字其
後淅中所在屏風皆是此牡丹圖更無辨葢帖屏風易

破故也後牛易懷素絹帖及陸機衛恒等摹晉帖與數種同歸劉涇又嘗王晉卿以韓馬照夜白題曰王侍中家物以兩度牒置易顏書朱巨川告于余劉以硯山一石易馬去及得白牛始自喜以為有韓馬戴牛然但少杜荀鶴韋得象耳劉既作歌曰元章好古過人書畫驚世起余作歌云天下愛奇人沒量奇不訣人奇解相奇人奇物方合璧乞與世間人物樣六朝唐盛始兼得訪古知名已蕭爽人亡物喪付衰夢注想後来逢好尚元

章心自鑒秋月一路仍行九霄上家時菜色無斗粟書
畫奇奇世人望譬如大海沈百寶爾輩乘風得之浪二
王褚陸已天作老顧如来更天匠其餘緹襲凡幾重但
見光明爛堊象珍犀瑞錦扶蘭茝龍躍鸞驚訶魍魎金
仙詎敢觸以手雪子玉人聊置掌余家僻素最沈著退
舍還師覺難旁世人往往力能幹未免目蝦終惚恍緘
機僞謬各臣妾未覯堂堂筆中王袖間澀縮氣如線淨
几明窗謾瞻仰從来所有萬錢價不即臭腐當火葬傾

心妙絕豈求勝妄意臨摹須殺謗端居自號書一品好事如封繪三藏諸郎青出即護持未肯充飢謬為駔書史載薛道祖詩云寧馨動破千金資是也余衰二物擬高閣子可專之世無兩書來詩往但悠悠塵土欺人正惆悵余答云劉郎收畫早甚畢折枝花草首徐熙十年之後始聞道取吾韓戴為神奇邇來白首進道與學者信有髓與皮始知什襲但遮壁牛馬便可裹弊帷峩峩太平老寺主白紗帽首無冠綖武士後列肅大劍宮女旁侍蟬脩眉神清眸

子知寡欲齒露唇反法定飢世人見服似摩詰不知六朝居士衣後人勿把亂唐突梁時筆法了可知道子見之必再拜曹劉何物望藩籬本當第一品天下郤緣顧筆在漣漪時初報余得梁武帝象此象今在仲忽處

魏泰字道輔有徐熙澄心堂紙畫一飛鶉如生智永真草歸田賦奇物也

范大珪有富公家折枝梨花古筆非江南蜀畫

蘇舜欽子美家有畢宏一幅山水奇古題數行云筆勢

凶險是也
王敏甫收李重光四時紙上橫卷花一軸每時則自寫
論物更謝之意文一篇畫一幅字亦少時作花清麗可
愛
江南周文矩士女面一如昉衣紋作戰筆此蓋布文也
惟以此為別昉筆秀潤勻細
沈括存中收唐人壁畫兩大軸或一手一面或半身是
學者記其難處遂題為真

蘇洎及之處收古蕳香一枝者字國老題為閻令畫寶月所收李成四幅路上一才子騎馬一童隨清秀如王維畫孟浩然成作人物不過如是他圖畫人醜怪賭博村野如伶人者皆許道寧專作成時畫

李公麟云海州劉先生收王獻之畫符及神一卷咒小字五斗米道也李伯時只一見求摹不許其子居金陵與王荆公連袂陳元輿帥金陵余託訪之云久為一貴人取去竟不知誰何

蔣永仲收韋偃松一幅千枝萬葉非經歲不成鱗文一一如真筆細圓潤

梅澤有張璪澗底松葛氏物余託購乃自取之

古畫至唐初皆生絹至吳生周昉韓幹後來皆以熱湯半熟入粉搥如銀板故作人物精彩入筆今人收唐畫必以絹辨見文麄便云不是唐非也張僧畫閻令畫世所存者皆生絹南唐畫皆麄絹徐熙絹或如布

裝背畫不須用絹補破處用之絹新時似好展卷久為

硬絹抵之却於不破處破大可惜古書人惜其字故行間勒作痕其字在筒瓦中不破令人得之却以絹或絹背帖所勒行一時平直良久於字上裂大可惜也紙上書畫不可以絹背雖熟絹新終硬文縷磨書畫面上成絹紋蓋取為骨久之紙毛是絹所磨也用背紙書畫日月損磨墨色在絹上王晉卿舊亦以絹背書初未信久之取桓温書看墨色見磨在紙上而絹紋透紙始恨之乃以歙薄一張蓋而收之其後不用絹也絹素百片必

好畫文製各有辨長幅横卷裂文横也横卷直裂裂文直各隨軸勢裂也直斷不當一縷歲久卷自兩頭蘇開斷不相合不作毛摺則蘇也不可偽作其偽者快刀直過當縷兩頭依舊生作毛起摺又堅紉也濕染色棲縷間乾薰者烟臭上深下淺古紙素有一般古香也

劉子禮以一百千買錢樞密家畫五百軸不開看直交過錢氏喜既交畫只一軸盧鴻自畫草堂圖已直百千矣其他常筆固多也

小八分詩句帶筆如行草奇甚今無此體
宗室君發以七百千置閻立本太宗步輦圖以熟絹通
身背畫經梅便兩邊脫磨得畫面蘇落
文彦博以古畫背作匣意在寶惜然貼絹背著繃損愈
疾今人屏風俗畫一二年即斷裂恰恰蘇落也匣是收
壁畫製書畫以時卷舒近人手頻自不壞歲久不開者
隨軸乾斷裂脃黏補不成也
王球字夔玉有兩漢而下至隋古帝王象云形狀有怪

甚者恨未見之此可訪為秘閣物也

檀香辟濕氣畫必用檀軸有益開匣有香而無糊氣又辟蠹也若玉軸以古檀為身檀身重今却取兩片刳中空合柄軸鑿乃輕輕不損畫常卷必用桐杉佳也軸重損絹軸不宜用金銀既俗且招盜若桓靈寶不然水晶作軸挂幅必兩頭墜性重蜀青圓錢雙鸞錦最俗不可背古畫只背今人裝堂亦俗也

蘇木為軸以石灰湯轉色歲久愈佳又性輕角軸引蟲

又開軸多有濕臭氣檀犀同匣共發古香紙素既古自有古香也

范寛山水叢叢如恒岱遠山多正面折落有勢晚年用墨太多土石不分本朝自無人出其右溪出深虛水若有聲其作雪山全師世所謂王摩詰

王士元山水作漁村浦嶼雪景類江南畫王翬定國收四幅後與王晉卿命爲王右丞矣趙叔盎伯充處有摹本

余以范寬圖易僧夢休雪竹一幅巨石倒影下落葉數片浮水上旁一枯木亦倒影後易韋馬于蔣長源凡去十一種物方得蔣後易與王詵今蔡勝道有六幅長大餘奇甚大屋梁方可挂森森如坐竹下

濮州李文定丞相家畫三等上等書名用名印中等書字用字印下等亦用字印押字而已及收鍾王迹甚多未得見

江東漕李孝廣字世美處有鍾王迹嘗於金陵重背拆

下背紙乃硾熟唐人門刺其孫奉世語余如此近官太常遂得見

王冀公家書畫用太原欽若圖書品少精者余嘗於蔣氏得此鍍金大印劉巨濟借未還

大年收得南唐集賢院御書印乃墨用于文房書畫者

大年收古絹本横卷經書畫皆精過于當時西昇經馮京當世託王定國背西昇經其古絹紙背四五分透别裝作一卷

道士牛戩筆墨麄豪縱放亦不俗格固在艾宣惠崇實覺張經之上也

李甲華亭逸人作逸筆翎毛有意外趣木不佳

范大珪字君錫富鄭公壻同行相國寺以七百金常賣處買得雪圖破碎甚古如世所謂王維者劉伯玉相値笑問買何物因衆中展示伯玉曰此誰筆余曰王維伯玉曰然適行一遭不見豈有所歸乎余假范人持之良久并范不見翌日去取云已送西京背同行梅子平大

怒曰吾證也可理於官豈有此理余笑曰吾故人也因以贈之今二十年矣范卒已十年不知所在

趙叔盎收張璪松石一軸李公炤家物已破爛不可重背

葉助字天祐收蜀范瓊畫梁武帝寫誌公圖一幅武帝白冠衣褐晉尚白宋齊梁陳習見不同各以所尚色皆白帽帝首叔季文物如此豈非餘分國位乎顧凱之畫維摩猶白首周木德冕皆尚青仲尼曰吾殷人也生於

宋故服章甫之冠此殷制殷水德故尚玄玄端章甫皆
黑色也封二王後各行其正朔服其文物也漢火德尚
赤用赤幘舜土德尚黄故服黄冠圖宜觸類而長之乃
不凡
王通元經書晉宋齊梁陳亡有餘意也
江南陳常以飛白筆作樹石有清逸意人物不工折枝
花亦以逸筆一抹為枝以色亂點花欲奪造化本朝妙
工也鄒極大夫有之

池州匠作秋浦九華峯有清趣師董源
高公繪字君素又有張璪澗底松山上苗山水一軸唐
韓幹圖于闐所進黄馬一軸馬翹舉雄傑余感今無此
馬故賦云方唐牧之至盛有天骨之超俊勒四十萬之
數而隨方以分色焉此馬居其中以為鎮目星角而電
發蹄擬踣以風迅鬐龍顯以孤起耳鳳聳而雙峻翠華
建而出步閶闔下而輕噴低鶩羣而不嘶横秋風以獨
韵若夫躍溪舒急冒絷征叛直突則建德項縶横馳則

世充領斷皆絶材以比德敢伺蹶以致吝豈肯浪逐首
蓿之坡蓋當下視八坊之駿高標雄跨而獅子攘獰逸
氣下衰而照夜矜穩於是風靡格頹色妙才駘入伏不
動終日如坯乃得玉為銜飾繡作鞍儓棗抹粟豢肉脹
筋埋其報德也蓋不如偷盧噬盜策蹇勝柴鑄黃蝸而
吐水畫白澤以除災但覺駝垂就節鼠伏防猾慭雖甚
厲馴號斯諳誓俛首以畢世未伏櫪以興懷嗟乎所謂
英風頓盡冗伏髙排若不市駿骨致龍媒如此馬者一

旦天子巡朔方升喬嶽掃四夷之塵較岐陽之獵則飛黄腰褭蹋雲追電何所從而遽来又有唐蜀中畫雪山世以為王維也劍門關圖雪景五代筆也又有唐畫山水雙短幅徐熙海棠雙幅二軸江南裝堂畫富艷有生意趙叔盎亦有一軸

王晉卿收江南畫小雪山二軸易余歲餘小木一筆纒起作枝葉如草書不俗後易書與蘇之友李伯時云其父所收失去知在晉卿家不知歸余恨不得易云王維

筆非也

余收易元吉逸色筆作蘆如真上一鸜鵒活動晉卿借去不歸

徐熙風牡丹圖葉幾千餘片花只三朶一在正面一在右一在衆枝亂葉之背石窽圓潤上有一猫兒余惡畫猫數欲剪去後易研與唐林夫蔣長源以二十千置黃筌畫狸猫顫葧荷甚工

薛紹彭道祖有花下一金盆盆旁鵓鴿謂之金盆鵓鴿

豈是名畫可笑又收吳王所繪圖江南衣文金冠右袒紅衫大榻上背擦兩手吳王衣不當右袒濟州破朱浮墓有石壁上刻車服人物平生隨品所乘曰府君作令時車是曲轅駕一馬車輪略離地上一葢坐一人三梁冠面與馬尾平對自執綏馬有帬遮其尾一人御又曰作京兆尹時四馬轅小曲車差高葢下坐儀衛多有曰鮮明隊又某隊隊十人騎馬作一隊内一隊背持鐃多不能紀也從者皆冠

唐人輭裹蓋禮樂闕則士習賤服以不違俗為美余初惑之當俟君子留意者舊言士子國初皆頂鹿皮冠弁遺制也更無頭巾掠子必帶篦所以裹帽則必用篦子約髮客至即言容梳裹乃去皮冠梳髮角加後以入幞頭巾子中篦約髮乃出客去復如是其後方有絲絹作掠子掠起髮頂帽出入不敢使尊者見既歸於門背取下掠子篦約髮訖乃敢入恐尊者令免帽見之為大不謹也又其後方見用紫羅為無頂頭巾謂之額子猶不

敢習庶人頭巾其後舉人始以紫紗羅為長頂頭巾垂至背以別庶人黔首今則士人皆戴庶人花頂頭巾稍作幅巾逍遙巾額子則為不敬衣用裹肚勒帛則為是近又以半臂軍服被甲上不帶者謂之背子以為重禮無則為無禮不知今之士服大帶拖紳乃為禮不帶左衽皆夷服此必有君子制之矣漢制從者巾與殷毋追同今頭巾若不作花頂而四帶兩小者在髮兩差大者垂則此制也禮豈有他君子制之耳余為漣水古徐州

境每民去巾下必有鹿楮皮冠此古俗所著良足美也

又唐初畫舉人必鹿皮冠縫掖大袖黄衣短至膝長白裳也蕭翼御史至越見辯才云著黄衣大袖如山東舉子用證未軟畏曰襴也李白像鹿皮冠大袖黄袍服亦其制也

又有麟鳳圖半篆半隸以九字九行爲率云惟永建元年秋十月饗時山陽太守河内孫君見碑不合禮掾重造記初瑞象麟鳳其銘辭曰漢威德中興即政二年辛

酉之節首歷四十青龍起云云三月季春爰易立碑石順禮典文九九度數萬世常存又一云天有奇鳥名曰鳳凰時下有德民富國昌黄龍嘉禾皆不隱藏漢德巍巍永布宣揚天有奇獸名曰麒麟時下有德安國富民忠臣竭節義以修身間德求善明明我君不知九字九行之數合何典必有識者麟鳳狀一角直上高如足翹如惡馬鳳冠高尾長甚可怪也余題曰非篆非科璞已彫形容振振與蕭蕭曾因忠厚方周德坐想訏謨覽舜

韶漢德已衰還應孽魯邦既弱不為妖虛齋自是驚人
玩不勝雄狐逐慭鵰嘉祐中一貴人使江南檇韓馬一
匹行及回渡采石磯風大作三日不可過欲過又大作
於是禱於中元水府廟典祀也是夕夢神告留馬當相
濟翌日詣廟獻之風止乃渡至今典於廟中因知天才
神不能化天生是物自然而生自稟秀氣而成才也天
不能資神不能化所以玉樓成必李賀記也
蘇耆少子風神如畫目如點漆面如凝脂天男相畫不

及有器度好學一旦相國寺遇其兄問安否曰已不幸吾曰豈神奪之乎君大驚曰一旦夢嫁其妻而議婚心惡之又一旦夢神迎婚禮因得疾醫曰不可治翌日卒公非神人也何從知之

有吳中一士大夫好畫而裝背以舊古為辨仍必以名畫記差古人名嘗得一七元題云梁元帝畫也又得一伏羲畫卦象題云史皇畫也問所自答云得於其孫了不知軒轅孫史皇孫也若是史皇孫必於庚園得之其

他畫稱是嘗見余家顧凱之維摩更不論筆法便云若如此近世畫甚易得顧侍史曰明日教胡常賣尋兩本後數日果有兩凡俗本即題曰顧凱之維摩陸探微維摩題顧凱之者無文殊只一身是魯見瓦棺象者也其一有文殊睡獅子故曰陸探微曾見甘露陸探微有張目獅子故也此收韋得象杜荀鶴之流其兄有鑒別曰舍弟極損終與一日燒了會其先化不然梁元帝又夢秦始皇也士流當以此為戒其物不必多以百軸之費

置一軸好畫不為費以五鐶價置一百軸謬畫何用黃卷五經赤軸三史猶有俟於抄錄若如此佛畫止可渡江投水府也

漣漪藍氏收晉畫渾天圖直五尺素畫不作圓勢別作一小圈畫北斗紫極亦易於點閱又列位多異於常圖

余常作天說以究天地日月旁側之形盈虧之質作成晝夜圖六十本因得究潮候大小又為晝夜六十圖所引六經以黜古今百家星歷之妄說又著潮說以證盧

筆皮日休之緣飾釋氏假佛之詭論將上之御府藏之
名山
餘杭刻印五聲音六律十二宮旋相為君圖極精微夫
五音之聲出於五行自然之理管仲深明其要著其形
似太平之具也作樂之道必自此始沈隱侯只知四聲
求其宮聲不得乃分平聲為二以欺後學幾於千年無
人辨正愚陋之人從而祖述作為字母謹守前說陸德
明亦復吳音傳其祖說故以東冬為異中鍾為別以彖

為獎以上為賞因其吳音以聾後學莫之為正余於是以五方立五行求五音乃得一聲於孟仲季位因金寄土了然明白字字調聲五音皆具削去平上去入之號表以宮商角徵羽之名有聲無形互相假借千歲之後疑互判清太初漏露神姦鬼祕無所逃形著云大宋五音正韵用以制律作樂能召太和致太平藏之名山百世以俟與我同志者不徒為蒙陋生設也

鑒閱佛像故事圖有以勸戒為上其次山水有無窮之

趣尤是烟雲霧景為佳其次竹木水石其次花草至於
士女翎毛貴游戲閱不入清玩
李文定孫奉世子孝端字師端收薛稷二鶴唐李昇着
色畫二軸三幅山水舟舫小人物精細兩幅畫林石岸
茅亭溪水數道士閑適人物差大反不工於小者石岸
天成都無筆蹤其三幅峯巒秀拔山頂蒙茸作遠林巖
巒洞穴松林層際木身圓挺都無筆蹤其二度非歲月
不可了一畫人間未見其如此之細且工雖太密茂林

中不虛而種種木葉古未有倫今固無有與余得於丁氏者無以異也

睢陽張狀元師得家多名畫其姪孫南都倅兟字茂宗處見唐畫嵇康廣陵散松石遠岸奇古所書故事空民字世未見同品畫真佳作也黄筌六幅著色山水有江南徐崇嗣桃六幅折枝江南周文矩士女徐熙鯿魚蟹皆有丁晉公親題印餘畫皆張狀元及景儉字印李成淡墨如夢霧中石如雲動多巧少真意范寛勢雖雄傑

然深暗如暮夜晦暝土石不分物象之幽雅品固在李
成上

關仝麗山工關河之勢峯巒少秀氣

董源峯頂不工絕澗危徑幽壑荒迥率多真意

巨然明潤鬱葱最有爽氣礬頭太多

荆浩善為雲中山頂四面峻厚

王球夔玉家古帝王像後一年余於畢相孫仲荀處見白麻
紙不裝像云楊褒嘗摹去乃夔玉所購上有之美印記

趙叔盎云線褊條闊指半絲細如綿者作畫帶不生毛以刀刺褾中間絲縷間套桂褾後卷即縛之又不在畫心省損畫無摺帶隱痕尋常畫多中損者縛破故也書多腰損亦然略略縛之烏用力

宗室仲儀收古廬山圖一半幾是六朝筆位置寺基與唐及今不同石不皴林木格高挽舟人色舟製非近古今所惜不全也

畢仲欽家有荆浩山水一軸

畢仲游家有六軸闗仝畫

王欽臣長子有六幅闗仝古本特竒董源四幅真意可
愛

刁約家有董源霧景四軸

林虞家有王維六幅雪圖董源八幅李成雪圖

余家收紙本曹不興畫如意輪一軸

嘉祐中三人收畫楊褒邵必石揚休皆酷好竭力收後

余閲三家畫石氏差優楊以四世五公字印號之無一

軸佳者邵印多巧篆字其旁大略標位高略似江南畫即題曰徐熙蜀畫星神便題曰閻立本王維韓滉皆可絕倒其孫攜韓滉散牧圖至乃雙幅上驢二十餘枚不及崔白輩絹素染深黃絲文總緊索價四百貫面上左以粉作牌子題曰韓晉公散牧圖不疑家寶其上一印鎮江軍節度使印是油單印者其大四寸許文麗下一印只略有唐印最小又文細諸人共笑其偽久之無人信遂以五十千質與江氏而去因嗟之曰華堂之上清

晨一羣驢子廝咬是何氣象

潁州公庫顧凱之維摩百補是唐杜牧之摹寄潁守本者置在齋龕不攜去精彩照人前後士大夫家所傳無一毫似蓋京西工拙其屏風上山水林木竒古坡岸皴如董源乃知人稱江南蓋自顧以来皆一様隋唐及南唐至巨然不移至今池州謝氏亦作此體余得隋畫金陵圖於畢相孫亦同此體余因題其顧畫幅上云米芾審定是杜牧之本仍以撥發司印印之蓋證勾諶刻石

妄指為人易去也余與賴發善託尋善工摹須切記似
凡三寄蠟本無一筆似者或可上之御府乞國工摹賜
世間為千年之傳如唐文皇蘭亭豈非一代盛美
真絹色淡雖百破而色明白精神彩色如新惟佛像多
經香烟薰損本色
染絹作濕香色棲塵紋間最易辨仍蓋色上作一重古
破不直裂須連兩三經不可偽作
辥紹彭家三天女謂之顧凱之實唐初畫

邵必家維摩文殊六朝畫西山十二真君亦其次題為
閻立本
余相國寺中八金得紙桃兩枝緑葉蟲透背二葉著桃
上二桃突兀高出紙素徐熙真筆也
錢世京家謝靈運盤足坐像亦奇古
高公繪家古花二枝百破碎無名在徐黄上自余家往
江州張氏收李重光道裝象神骨俱全云是顧宏中筆
沈括收畢宏畫兩幅一軸上以大青和墨大筆直抹不

皴作柱天高半峰滿八分一幅至向下作斜鑿開曲欄
約峻崖一瀑落下兩大石塞路頭一幅作一圓平生半
腰雲遮下磧石數塊一童抱琴由曲欄轉山去一古木
臥奇石奇古沈諦秀日見之及居潤問之云已易與人
竟不再出至今常在夢寐

欽定四庫全書

書史

宋　米芾　撰

金匱石室汗簡殺青悉是傳録河間古簡為法書祖張彦遠志在多聞上列沮蒼按史發論世咸不傳徒欺後人有識所罪至於後愚妄作組織神鬼止可發笑余但以平生目歷區别無疑集曰書史所以指南識者不點俗目

劉原父收周鼎篆一罷百字刻跡煥然所謂金石刻文與孔氏上古書相表裏字法有鳥跡自然之狀宗室仲忽李公麟收購亦多余皆甞賞閱如楚鍾刻字則端逸遠高秦篆咸可冠方今法書之首秦漢石刻塗壁都市前人已詳余閱書白首無魏遺墨故斷自西晉晉賢十四帖檢校太師李瑋於侍中王貽永家購得第一帖張華真楷鍾法次王濬次王戎次陸機次郗鑒次陸玩表晉元帝批荅次謝安次王衍次右軍次謝萬兩帖次王

珣次臣詹晉武帝批荅次謝方回次郄愔次謝尚內謝
安帖有開元印縫兩小璽建中翰林印安及萬帖有王
涯永存珍祕印大卷前有梁秀収閱古書印後有殷浩
印浩以丹秀以赭是唐末賞鑑之家其間有太平公主親
書印王溥之印自五代相家寶藏侍中國壻丞相子也
太宗皇帝文德化成靖無他好留意翰墨潤色太平淳
化中嘗借王氏所収書集入閣帖十卷內郄愔兩行二
十四日帖乃此卷中者仍於謝安帖尾御書親跋三字

以還王氏其帖在李瑋家余同王涣之飲于李氏園池閲書畫竟日末出此帖棗木大軸古青藻花錦作褾破爛無竹模晉帖上反安冠簪樣古玉軸余尋裂擲棗軸池中拆玉軸王涣之加糊共裝焉一坐大笑要余題跋乃題曰李氏法書第一亦天下法書第一也

又晉謝奕桓温謝安三帖為一卷上有竇䝉審定印謝安帖後以濃墨模搨遂全暈過後歸副車王詵家分為三帖云失謝安帖以墨重暈唐人意寳此帖而反害之

也後人可以為戒李瑋云亦購于王氏
又黄素黄庭經一卷是六朝人書絹完並無唐人氣格
縫有書印字是曾入鍾紹京家黄素縝密上下是烏絲
織成欄其間用朱墨界行卷末跋合僫二字有陳氏圖
書字印及錢氏忠孝之家印陶穀跋云山陰道士劉君
以羣鵝獻右軍乞書黄庭經此是也此書乃明州刺史
李振景福中罷官過浚郊遺光禄朱卿卿名友文即梁
祖之子後封博王王薨余獲于舊邸時貞明庚辰秋也

晉都梁苑因重背之中書舍人陶穀記是日降制以京兆尹安彥威兼副都統余跋云書印字唐越國公鍾紹京印也晉史載為寫道德經當舉羣鵝相贈因李白詩送賀監云鏡湖流水春始波狂客歸舟逸興多山陰道士如相見應寫黃庭換白鵝世人遂以黃庭經為換鵝經甚可笑也此名因開元後世傳黃庭經多惡札皆是偽作唐人以畫贊猶非真則黃庭內多鍾法者猶是好事者為之耳

又有唐摹右軍帖雙鉤蠟紙摹末後一帖是奉橘三百顆霜未降未可多得韋應物詩云書後欲題三百顆洞庭更待滿林霜蓋用此事開皇十八年三月二十七日參軍學士諸葛頴諮議參軍開府學士柳顧言釋智果跋其尾

晉右將軍會稽內史王羲之行書帖真跡天下法書第二右軍行書第一也帖辭云羲之死罪伏想朝廷清和稚恭遂進鎮東西齊舉想剋定有期也羲之死罪長慶

其年月日太常少卿蕭祐鑒定在王珪禹玉家後有禹玉跋以門下省印印之時貴多跋後為章惇子厚借去不歸其子仲脩專遣介請未至是竹絲乾筆所書鋒勢欝勃揮霍濃淡如雲煙變怪多態清字破損余親臨得之

王羲之王潤帖是唐人冷金紙上雙鉤摹帖云官奴小女玉潤病來十餘日了不令民知昨來忽發痼至今轉篤又苦頭癰頭癰已潰尚未足憂痼病少有差者憂之

燋心良不可言頃者艱疾未之有良由民為家長不能克己勤修訓化上下多犯科誡以至於此民惟歸誠待罪而已此非復常言常辭想官奴辭已具不復多白上負道德下愧先生夫復何言此帖連在稚恭帖後字大小一如蘭亭想其真跡神妙右軍快雪時晴帖云羲之頓首快雪時晴佳想安善未果為結力不次王羲之頓首山陰張侯是真字數字帶行今世無右軍真字帖末有君倩二字疑是梁秀縫有褚氏字印是褚令所印蘇

氏有三本在諸房一余易得之一劉涇巨濟易得無褚
印
晉太宰中書令王獻之字子敬十二月帖黄麻紙辭云
十二月割至否中秋不復不得想未復還慟理為即甚
省如何然勝人何慶等慶等大軍下一印曰鐸書是唐
相王鐸印後有君倩字前有絹小帖是褚遂良題曰大
令十二月帖此帖運筆如火筯畫灰連屬無端末如不
經意所謂一筆書天下子敬第一帖也元與快雪帖相

連蘇太簡家物上有國老才翁子美題跋云函僧守一
所藏先令以命服得之子美子激字志東與余分藏以
書畫寶玩易之
王羲之筆精帖内兩字集在諸家碑上縫有貞觀半印
王獻之日寒帖有唐氏雜跡印後有兩行謝安批所謂
批後為荅也唐太宗不收獻之慰問帖故於帖上刮去
不次獻之四字謂之羊欣以應募而以前帖為薄紹之
書跋尾書官姓名云大歷某年月日下刮去古姓名五

代人題曰薛邕記之後題一行曰某年和傳遺余押字是薛丞相居正此是和凝丞相疑為薛氏故物以遺薛也其後歸王文惠家文惠孫居高郵并收得褚遂良黄絹上臨蘭亭一本乞貲之官許余以五十千質之余時遷葬丹徒約王君友壻宗室時監羅務令輥亦欲往別約至彼交帖王君後余五日至余方襄大事未暇見之事竟見云適沈存中借去吾拊髀驚曰此書不復歸矣余遂過沈問焉沈曰且勿驚破得之當易公王維雪圖

其父嘗許見與也余因不復言後數日王君攜褚書見過大歎曰沈使其壻以二十星賫其行請以二十千留褚書余因不復取後十年王君卒其子居高郵欲成姻事因賀鑄持至儀真求以二十千售之後蘇頌丞相家與沈之子博毅同會問所在曰分與其弟矣翌日蘇舜元子云屢見之

王獻之送梨帖云今送梨三百顆晚雪殊不能佳上有梨幹黎氏印所謂南方君子者跋尾半幅云因太宗書

卷首見此兩行十字遂連此卷末若珠還合浦劍入延平太和三年三月十日司封員外郎柳公權記後細題一行曰又一帖十二字連之余辨乃右軍書云思言叙卒何期但有長歎念告公權誤以為子敬也縫有貞觀半印世南孝先字跋孝先是本朝王曾丞相字劉季孫以一千置得余約以歐陽詢真跡二帖王維雪圖六幅正透犀帶一條硯山一枚玉座珊瑚一枝以易劉見許王詵借余硯山去不即還劉為澤守行兩日王始見還

約再見易而劉死矣其子以二十千賣與王防唐太宗
書竊類子敬公權能於太宗書卷辯出而復誤連右軍
帖為子敬公權知書者乃如此其跋馮氏西昇經唐經
生書也乃謂之褚書者非也蓋能書者未必能鑒余既
跋定之蘇子瞻於是跋詩曰家雞野鶩同登俎春蚓秋
蛇總入奩君家兩行十二字氣壓鄴侯三萬籤蓋以晉
史太宗贊貶子敬也然唐太宗力學右軍不能至復學
虞行書欲上攀右軍故大罵子敬耳子敬天真超逸豈

父可比也

王羲之來戲帖黃麻紙字法清潤是少年所書滿一幅其間數字難辨六朝寫經褊字注之後人復以雌黃塗蓋歲久膠落字見五分在丁晉公孫受繪像恩澤者房下云晉公故物也欲以二十千見歸余即以其直取君以與余來往議此帖書粘於後質於其鄰大姓賈氏得二十千蓋意其可贖也今十五年矣猶在賈氏曾經人用薄紙搨書墨即透數行仍汙靜地深可歎息其家又

有韓擇木八分一卷唐人薄紙摹五帖一幅

王羲之桓公破羌帖有開元印唐懷充跋筆法入神在蘇之純家之純卒其家定直久許見歸而余使西京未還宗室仲爰力取之且要約曰米歸有其直見歸即還余遂典衣以增其直取回仲爰已使庸工裝背剪損古跋尾參差矣痛惜痛惜

王右軍筆陣圖前有自寫真紙緊薄如金葉索索有聲趙竦得之于一道人章惇借去不歸王右軍書家譜在

山陰縣王氏右軍東方朔畫賛麋破處歐陽詢補之在
丁諷學士家歸宗室令時劉涇以僧繇畫梁武帝像易
去
樂毅論智永跋云梁世摹出天下珍之其間書誤兩字
遂以雌黃治定然後用筆今世無此改誤兩字本流傳
余於杭州天竺僧處得一本上有改誤兩字又不闕唐
諱是梁本也
晉庾翼稚恭真跡在張丞相齊賢孫直清汝欽家古黄

麻紙全幅無端末筆勢細弱字相連屬古雅論兵事有數翼字上有竇蒙審定印後連張芝王廙草帖是唐人偽作薫紙上深下淡筆勢俗甚語言無倫遂使至寶雜於凡礫可歎余屢言與汝欽不肯折也

濮州李丞相家多書畫其孫直祕閣李孝廣收右軍黄麻紙十餘帖一樣連成卷字老而逸暮年書也略記其數帖辭一云白石枕殊佳物深感卿至一云卿事時了甚快羣凶日夕云云比使鄴下一日為戰場極令人惆

悵豈復有慶年之樂耶思卿一面無緣可歎可歎一云
九日以當力見一云重熙八日過信安一云祠物當治
護信到便遣來忽忽善錯也一云謝書云云今送一云
鶻等不佳令人弊見此輩吾衰老不復堪此餘不記也
後有先君名印下一印曰尊德樂道今印見在余家先
君嘗官濮與李東之少師以碁友善意其奕勝之余時
未生此帖一卷世未見其比故是右軍名札也又有歐
陽詢故事十餘帖老筆相連其子通書評書一卷張顛

絹帖一卷七八帖乃少時書並在李孝廣處
中貴高樓楊氏收數帖蕭思話表一思話字有鍾法此
乃無而武帝批答四字君臣筆氣一同紙古後破前完
此是唐人所為然亦佳作令人不能為也又王珉書真
草是真跡有鍾張法張翼當是作宋翼魏人非真又阮
研草帖奇古非偽又一帖如竹片書亦好事者為之並
無古印跋可考
陳僧智永真草書歸田賦在襄陽魏泰處後有一跋題

云開成某年白馬寺臨一過潭記白麻紙書世人收智
永書未有若此真也虞世南出於此書魏誤題曰虞世
南書耳
唐彭王傅徐浩書贈張九齡司徒告浩九齡之甥在其
孫曲江仲容處用一尺絹書多渴筆有鋒芒辭云正大
厦者柱石之力匡帝業者輔相之功生則保其雄名殁
猶稱其盛德飾終未允於人望加贈特至於國章故荆
州大都督張九齡維嶽降神濟川作相開元之際寅亮

成功讜言定於社稷先覺合於蓍蔡永懷賢相可謂大臣束帛所加樵蘇必禁荆州之贈相府未崇爰從八命之秩更重三台之位可特贈司徒嘗借留余家半月

唐中書令褚遂良枯木賦是粉蠟紙搨書後有未能二字余辯是雙鉤唐人不肯欺人若無此雙鉤二字則皆以為真矣在承議郎壽春魏綸處余於潤州見之

智永千文唐粉蠟紙搨書內一幅麻紙是真跡末後一幅上有雙鉤摹字與歸田賦同意也料是將真跡一卷

各以一幅真跡在中搨為數十軸若末無鉤填二字固難辨也是賈安公物作潤筆送王荊公其弟安國得之今在葉濤處安國壻也有古跋云契潤艱難不敢失墜

學歐陽詢行體

唐越國公鍾紹京書千文筆勢圓勁在丞相恭公孫陳幵處今為宗室令穰所購諸貴人皆題作智永余驗出唐諱闕筆及以遍學寺碑對之更無少異大年於是盡剪去諸人跋余始跋之

呂夏卿子通直君有歐陽詢草書千文蔡襄跋為智永通直出示余欲跋答以必改評乃跋君欣然遂於古紙上跋正通直君失其名字

唐人臨智永千文半卷在丞相蘇頌家

蘇耆家蘭亭三本一是參政蘇易簡題贊曰有若像夫子尚興闕里門虎賁類蔡邕猶傍文舉尊昭陵自一閉真跡不復存今余獲此本可以比璵璠第二本在蘇舜元房上有易簡子耆天聖歲跋范文正王堯臣參政跋

云才翁東齋書嘗盡覽馬蘇洎才翁子也與余友善以王維雪景六幅李王翎毛一幅徐熙梨花大折枝易得之毫髮備盡少長字世傳衆本皆不及長字其中二筆相近末後捺筆鈎廻筆鋒直至起筆處懷字內折筆抹筆皆轉側褊而見鋒蹔字內斤字足字轉筆賊毫隨之於斫筆處賊毫直出其中世之摹本未嘗有也此定是馮承素湯普徹韓道政趙模諸葛正之流搨賜王公者硾花真玉軸紫錦裝背在蘇氏舜元房題為褚遂良摹

余跋曰樂毅論正書第一此乃行書第一也觀其改誤字多率意爲之咸有褚體餘皆盡妙此書下真跡一等非深知書者未易道也賛曰熠熠客星豈晉所得養龍泉石留腴翰墨戲著標談書存馬式鬱鬱昭陵玉盌已出戎温無類誰寶真物水月非虛移模奪質繡繅金鐍瓊機錦縹猗歟元章守之勿失第三本唐粉蠟紙摹在舜欽房第二本所論數字精妙處此本咸不及然固在第一本上也是其族人泝摹葢第二本毫髮不差世當

有十餘本一絹本在蔣長源處一紙本在其子之文處是舜欽本一本在滕中處是歸余家本也一本在之友處

泗州南山杜氏父為尚書郎家世杜陵人收唐刻板本蘭亭與吾家所收不差有鋒勢筆活余得之以其本刻板回視定本及近世妄刻之本異也此書不亡于後世者賴存此本遇好事者見求即與一本不可再得世謂之三米蘭亭

宗室叔盎收蘭亭遂不及吾家本在舜欽本上因重背易其後背紙遂乏精彩然在都門最為佳本王鞏見求余家印本曰此湯普徹所摹與贈王詵家摹本一同令甚思之欲得此以自觧爾錢塘關景仁收唐石本蘭亭佳於定本不及余家板本也

唐太師顏真卿不審乞米二帖在蘇澥處背縫有吏部尚書銓印與安師文家爭坐位帖責峽州別駕帖縫印一同爭坐位帖是唐畿縣獄狀磓熟紙韓退之以用生

紙錄文為不敏也生紙當是草書所用内小字是於行間添注不盡又於行下空紙邊横寫與刻本不同此帖在顏最為傑思想其忠義憤發頓挫鬱屈意不在字天真罄露在於此書石刻粗存梗概爾余少時臨一本不復記所在後二十年寶文謝景温尹京云大豪郭氏分内一房欲此帖至折八百千衆乃許取視之縫有元章戲筆字印中間筆氣甚有如余書者面喻之乃云家世收久不以公言為然

峽州別駕帖白麻紙真字云踈拙抵罪聖慈含弘猶佐
列藩不遠伊邇是也字類糾宗碑清甚又祭濠州使君
文鹿肉帖並是魯公真跡
山陽簿張君齊賢丞相之後收魯公二帖云奏事官至
又曰為憲之功後帖張淑郎官求辟類乞米帖及李太
保帖
朱巨川告顏書其孫灌園屢持入秀州崇德邑中不用
為舊余以金梭易之又一告類徐浩書在邑人王衆處

亦巨川告也劉涇得余顔告背紙上有五分墨至今裝
為祕玩然如徐告粗有徐法爾王詵與余厚善愛之篤
一日見語曰固願得之遂以韓馬易去馬尋於劉涇處
換一石也此書至今在王詵處
送劉太沖序碧牋書王欽臣故物後有王參政名印王
云因與唐坰兩出書各誤收卷去坰以將才不偶命而
德其無鄰字剪去碧牋宜墨神彩艷發龍蛇生動覩之
驚人不裝背揭去背紙以厚紙散卷之略一出即卷去

其子云與智永千文柳公權書柳尊師誌歐陽鄱陽帖
並同葬矣亦可歎息也或謂容為王詵購去
蘇之才收碧牋文殊一幅魯公妙迹又有與夫人帖一
幅當是其㛹令在王詵家
魯公寒食帖綾紙書在錢勰處世多石刻
魯公一軸五帖見石裔言在兄處副車之孫也
懷素絹帖第一帖胸中刺痛第二帖恨不識顔尚書第
三帖律公好事是懷素老筆並在安師文處元祐戊辰

歲安公攜至留吾家月餘臨學乃還後有吕汲公大防
巳下題今歸章公惇
懷素千文絹本真迹在蘇液家沈遘家刻板本是後歸
章惇家
懷素詩一首絹上真迹王鞏易與王詵家
懷素絹帖一軸雜論故事後人分剪為二十餘處王詵
累年遂求足元數又一云史陵者絹帖以六朝古賢一
幀易與王詵

懷素書任華歌真跡兩幅絹書字法清逸歌辭奇偉在王詵家詵云尚方有其後三幅

懷素草書祝融高坐對寒峰緑絹帖兩行此字最佳石紫微常刻石有六行今不見前四行閒叓庚云與王欽臣家雜色繝絹背以詩代懷帖同軸今閳王之子為宗室所購是懷素天下第一好書也

懷素自敘真迹在蘇泌家前一幅破碎不存其父集賢校理舜欽自寫補之

懷素草書楮紙三幅在故相洛陽張公孫直清家
馮京家收懷素絹上詩一首張伯高少時絹上草書兩
幅張書今歸薛紹彭
薛紹彭有懷素一軸絹書肅宗行書綾紙千文購于錢
景湛處又王仲至處褚書麻紙一幅楊凝式小字黃麻
紙一幅余皆見之歐陽詢孝經一卷薛臨寄錢公未見
真跡
唐率府長史張旭字伯高真迹四帖在杭州陸氏大姓

家舊有五帖第一秋深第二前發第三汝官第四昨日
第五承須今所存四帖汝官後有古印文訛不可辨昨
日承顏二帖小襞紙也陸氏子素從闗景仁學闗因借
摹三大帖余曽見石本于闗中宋氏及官桂林闗杞為
使者語及始知石在闗氏又五年官潭闗杞通判邵州
以石本見寄又三年官杭而闗景仁為錢塘令因陸氏
子登第者來謁與闗同往謝而閲之獨失秋深第一帖
詰之顰蹙而言嘉祐中為太守沈遘借閲拆留余遺工

摹餘帖即歸詰遣弟逖時為郡從事乃云在其姪延嗣處余往見遂得閱後購得之

張伯高虎兒等三帖楮紙非真迹在王詵家蘇氏物也

黃魯直贈小兒詩云我有元暉古印章印刓不忍與諸郎虎兒筆力能扛鼎教字元暉繼阿章取此為故事也

張伯高賀八清鑑帖楮紙真迹字法勁古不類他書世間伯高第一書也蘇液家世多石刻後歸章惇家伯高全本千文曾孝蘊云在京師謝氏處謝氏景温寶文遠

族也

伯高五帖黃經紙少時書辭云往往與來五指包管等是也在楊傑家傑父學草故收得逐語斷處即剪作一軸黃油拳經紙與王仲至千文一同並無古印跋伯高名犯廟諱字余於皎然詩集中得之

蘇之純藏張顛草書又蘇泌房所藏詞云國士何日得至南中皆非伯高真迹亦無古印跋

唐坰處黃楮紙伯高千文兩幅與刁約家兩幅一同是

暮年真迹每辯六七字刁氏者後有李玉徐鉉跋為人偽刻建業文房之印印之連合縫印破字每見令人歎息

唐辯才弟子草書千文黄麻紙書在龍圖閣直學士吴郡滕元發處滕以為智永書余閲其前空才字全不書固已疑之後復空永字遂定為辯才弟子所書故特闕其祖師二名耳

唐虞世南枕卧帖雙鉤唐摹在闕杞處上有褚氏圖書

古印關嘗謂余曰昔越州一寺修佛殿於梁栱內藏一函古摹帖數十本所可記者王右軍十七帖世南枕臥帖十關九帖褚遂良奉書寧帖上皆有褚氏圖書印毫髮乾濃畢備關與僧善購得枕臥十關九奉書寧三帖虞書積時帖古雙鉤摹在洛陽李熙處維之孫也縫亦有褚氏印余嘗借摹

世南理頭眩藥方雙鉤摹本在鮑傳師家後為俗人摹石僧希白摹務欲勁快多改落筆端直無縹緲縈回飛

動之勢

唐太宗率更令歐陽詢書荀氏漢書節褚冊小楷在潭州南楚門外胡世淳處

歐陽詢書道林之寺牌在潭州道林寺筆力勁險勾勒而成有刻板本又江南廬山多裴休題寺塔諸額雖乏筆力皆真率可愛

唐末人學歐尤多四明僧無作學真字八九分行字肥弱用筆寬又有七八家不逮此僧唐賊張廷範亦學歐

陽詢多有此賊跋一雙鈎摹歐帖上有此賊印云清河
張廷範印及題曰便是至寶也惜之惜之永為所寶之
寶皆學歐行余跋曰唐弘文館學士歐陽詢書唐人所
摹後一行印文曰清河張廷範私記廷範唐賊也時梟
代替賊之所好涉于衣冠此攘奪所生也今太平君子
或富貴則崇貨利乃賊所尤故不剪除既著其賊又為
太平君子之勸其書札印記翩翩自喜之心忘其為賊
之著也嗟乎國初孫妃弟驃騎孫思皓學歐本朝無人

過也

歐陽詢黄麻紙草書孝經是馬季良龍圖孫大夫直温所收今歸薛紹彭家

宗室令穰收歐陽詢三軸第一軸蘇彥語箴次幅故事兩段有開元縫印翰林之印李林甫等臣跋及知書樓官名氏末後唐賊將玄暉題宣徽兩院使印余以智永三行帖陸柬之頭陁寺碑一幅易得語箴第二軸草帖五紙第三軸行書故事皆有開元姚宋印跋草帖乃碁

年書精彩動人行書少時書也

歐陽詢草書也字末筆倒壓不見其所出余家得貞觀御府右軍三帖末後一帖也字乃歐法所出世之真迹與石刻帖並無此也字耳

歐陽詢碧牋草聖四幅在故相齊賢孫張公直清處孫過庭草書書譜甚有右軍法作字落脚差近前而直此乃過庭法凡世稱右軍書有此等字皆孫筆也凡唐草得二王法無出其右又有千文一本是少年書不逮書

譜並在王鞏家今歸王詵家
陳賢草書帖六七紙字亦奇逸難辨如日本書上亦有
唐氏雜迹字印在李瑋家又多似歐陽詢草
洪元慎集右軍越州寺碑真迹在越州僧正子文處嘗
通書許借未果余託提刑喬執中攜告往質看亦不肯
出欲沿幹至越會家難不果去今要度牒易
陸東之十八學士賛西京留臺王瓘云在舍弟珪處老
手西昇經裴度柳公權跋為褚公書與閻立本畫圖同

在馮當世家吾見之皆非也是唐初書畫與柳跋是真
跡二君亦不能鑒耳

唐高閑書令狐楚詩在尚書李常家

柳公權紫絲靸蘭亭詩二帖待制王廣淵摹石跋云龍
圖大諫李公帥府暇日出書因請摹石乃李東之少師
也洛陽人今在富鄭公子宿州使君家

唐摹皇象急就章有隸法在故相張齊賢孫直清處

唐李邕四帖內一帖碧牋右唐氏雜印勾德元圖書記

陳氏圖書印與石夷庚所藏多熱帖同自丁喬大夫歸章惇家丁晉公故物也

多熱要葛粉帖白麻紙上有唐氏雜迹印陳氏圖書印勾德元圖書印乃紫微舍人石揚休物今在其孫前宿州支使夷庚處前一帖與光八郎謝惠鹿帖真迹余過甬上於夷庚處易得之光八郎帖今歸王詵吕公孺處李邕三帖第一改少傅帖深黄麻紙淡墨淳古如子敬第二縉雲帖淡黄麻紙第三碧牋勝和帖以尚書户部

印印縫古印有陳氏圖書勾德元圖書記唐氏雜迹印
丙子歲第一歸薛紹彭第二歸高公繪第三余以六朝
畫古賢韓馬銀愽山金華洞天石古鼎復忘記數種物
易得于其孫端問余嘗以碧牋臨三帖與真無異呂復
攜去裝褫矣陳氏台僊勾德元唐氏三人者大是一賞
鑒人世之名書上無不有其書印德元當是中正本朝
人通史學
馮京家收唐摹黃庭經有鍾法後有褚遂良字亦是唐

一種僞好物

李鐔收唐人歐行書兵藏劉沖之丞相家物

劉涇書來漣漪曰收唐絹本蘭亭無奇獲且漫眼耳殊非自剽制語也余荅以詩曰劉郎無物可縈心沉迷蠹縑與斷簡求新不獲狂時發自謂下取且漫眼猗嗟斯人今實斟我欲從之官有限何時大叫劉子前踞閱墨皇三復返君貽余詩嘗曰祕笈墨皇曾敬識林希送余詩壺嶺共傾銀雲水墨皇猶展玉樓風壺嶺謂硯山也

劉涇倅莫王貽永侍中孫為守得摹帖一卷乃冑曹參軍李懷琳偽作七賢帖後人所撰也内搏赤猿帖云僕不想歘爾夢搏赤猿其力甚於貔虎良久反覆余乃觀天背地覩穹亦當不爽但僕之不達安得不憂吉乎報我凶乎詳告三日阮籍白嵇君此帖比今刻石字多乃懷琳所撰語也而法書要錄所載七賢帖太宗知其偽愛之以貞觀字印之入御府又有李氏衛帖云衛稽首和南近奉勅寫急就章遂不得與師書耳但衛不能拔

賞隨世所學規摹鍾繇遂多歷年二十著詩論草隸通解不敢上呈衛有弟子王逸少甚能學衛真書咄咄逼人筆勢洞精字體遒媚師可詣晉尚書館書耳仰憑至鑒大不可言弟子李氏衛和南此帖比今閣帖字亦多亦其所撰也次無名帖次郄超帖亦摹在閣帖中次陸機衛恒帖衛亦摹入閣帖也後余以畫易于劉涇分前四帖與李鍔皆貞觀間一種僞好物

楊凝式字景度書天真爛熳縱逸類顏魯公爭坐位帖

祕閣校理蘇澥家有三帖第一白麻紙曰景度上大僊第二第三小字與薛紹彭家所藏正書相似余三次易得後以第一易與王詵第二易與劉涇余家今收楮紙上詩云春來冰未泮冬至雪初晴為報方袍客豐年瑞已成王以畫易于趙叔盎紛披老筆王安石少嘗學之人不知也元豐六年余始識荆公於鍾山語及此公大賞歎曰無人知之其後與余書簡皆此等字

張直清家楊凝式數帖真行甚好

劉瑗收碧戕王帖上有勾德元圖書記保合太和印及題顯德歲嘗愛吾家顧愷之淨名天女欲以畫易吾答以若有子敬帖便可易伯王答曰此猶披沙揀金此語甚妙余白首收晉帖止得謝安一帖開元建中御府物曾入王涯家右軍二帖貞觀御府印子敬一帖有褚遂良題印又有丞相王鐸家印記及有顧愷之戴逵畫淨名天女觀音遂以所居命為寶晉齋朱長文收錦織成諸佛濶四赤長五六赤上有織成牌子題晉永和年造

與余家一古書囊織成山水神僊錦一同雲鳳山禽猿
鹿如畫也
余收子敬范新婦唐摹帖獲于蘇澂家後有倩仲跋余
題詩曰貞觀款書丈二紙不許兒奇專父美何為寥寥
實是似遭亂真歸火兼水千年誰人能繼跡不自名家
殊未智嗟爾方來眼須洗玉蹔金題半歸米又和云雲
物龍蛇森動紙父子王家真濟美張翼小兒寧近似滄
溟浩對蹄踔水騰蛇無足鼯多趾以假易真信用智龜

澼雖多手屢洗卷不生毛誰似米又和云真裂紋勻真
古紙跋印多時俗眼美誠懸尚復誤疑似有渭方能辨
涇水真偽頭面拳跌趾久假中分辨愚智寶軸時開心
一洗百氏何人傳至米黄庭堅和題于後云王令遺墨
方尺紙尾題倩仲寶子美百家藏本略相似如日行天
見諸水拙者竊鈎輙斬趾田恒取齊并聖智錦囊昏花
百過洗湖海濯纓人姓米蔣之奇一韻和三首呂升卿
和二首林希和三首劉涇和兩首余章和一首余後二

首又再和者共成一軸林子虚借去未還
劉涇收許渾烏絲欄手冩詩一百篇字法極不俗第一
篇湘潭雲盡暮煙出巴蜀雪銷春水來盡是面覿西南
世界一叚物色自有識者知之剪前一幅易與杜介一
幅在王詵處
劉涇在宿州平生初收白麻紙臨顔書太冲序乃其祕
笈第一物至潤收封敎行李文饒太尉告許渾詩次得
智永板本千文其後得余家十七帖日本書及日本告

吳融司空圖贈䛐光歌張顛䛐光亞栖等書韓馬戴牛又楊傑處得貞觀御府内史官奴帖余以十七帖以下諸物易歸余家余先於唐垌處易得右軍尚書帖云得于僧清道亦有貞觀印印文遂復合仍帶元截紙痕一條故一物也林希見余家此軸嗟嘆云祕府所有殆不過是希嘗見閣下一卷貞觀字印相去五寸許不相連若真印印則四枚理無平勻若偽雕必只一鈕用皆齊一也余聞之愠甚嬾展閱愠極試取視之左右上下無

一相當者疾呼輿過林語所以公聲節曰公此書愈妙也此公精思如此方是時劉涇不信世有晉帖後十五年始得子鸞字帖云是右軍余云恐是陳子鸞未經余目後薛紹彭書來亦云六朝書又得梁武像見報余時使漣漪荅君詩云劉郎收畫早甚卑折枝花草首徐熙十年之後始聞道取吾韓戴為神奇邇來白首進道奧學者信有髓與皮始知十箇但遮壁牛馬祗可裹敝帷峩峩太平老寺主白紗冐首無冠蕤武士後列肅大劍

宮女旁侍顰脩眉神清眸子知寡欲齒露脣反法定饑
世人覩服似摩詰不識六朝居士衣僧綠匆輒亂唐突
梁時筆法了可知道子見之必再拜曹盧何物望藩籬
本當第一品天下却緣顧筆在漣漪劉君旣收右軍子
鸞帖作贊見寄其略曰執黑帝矩作黑風雨大一尺許
星五十五奇文也時君罷虢州未別除余戲答曰清明
去郡則得郡安用作業觧洗業以戲之薛紹彭以書畫
情好相同嘗寄書云書畫間久不見薛米余答以詩云

世言米薛或薛米猶言弟兄與兄弟四海論年我不甲品定多知定如是劉涇過薛見書大叫書來云云余荅以詩云唐滿書奩晉不收却緣自不信雙眸發狂為報豢龍子不怕人稱米薛劉劉君舊不收晉帖云無真只收唐帖故有是句

余臨大令法帖一卷在常州士人家不知何人取作廢帖裝背以與沈括一日林希會章惇張詢及余於甘露寺淨名齋各出書畫至此帖余大驚曰此芾書也沈勃

然曰某家所收久矣豈是君書芾笑曰豈有變主不得認物耶

余居蘇與葛藻近居每見余學臨帖即收去遂裝黏作二十餘帖倣名畫記所載印記作一軸裝背一日出示不覺大笑葛與江都陳史友善遂贈之君以為真余借不背出今在黃材家

余臨張直清家虞永興汝南公主墓誌浙中好事者以為真刻石右軍帖尤多

裝書褾前須用素紙一張捲到書時紙厚已如一軸子看到跋尾則不損古書所用軸頭以木性輕者紙多有益於書油拳麻紙硬堅損書第一池紙勻磓之易軟少毛澄心其製也今人以歙為澄心可笑一卷即兩分理軟不耐卷易生毛古澄心以水洗浸一夕明日鋪于車上曬乾漿磓已去紙復元性乃今池紙也特擣得細無筋耳古澄心有一品薄者最宜背書台藤背書滑無毛天下第一餘莫及

唐人背右軍帖皆硾熟軟紙如綿乃不損古紙又入水
蕩滌而曬古紙加有性不縻蓋紙是水化之物如重抄
一過也余每得古書輙以好紙二張一置書上一置書
下自傍濾細皂角汁和水霈然澆水入紙底於蓋紙上
用活手軟按拂垢膩皆隨水出内外如是續以清水澆
五七遍紙墨不動塵垢皆去復去蓋紙以乾好紙滲之
三張背紙已脱乃合於半潤好紙上揭去背紙加糊背
焉不用絹壓四邊只用紙免摺背重弸損古紙勿倒襯

帖背古紙隨隱便破只用薄紙與帖齊頭相挂見其古
損斷尤佳不用貼補古人勒成行道使字在筒瓦中乃
所以惜字今俗人見古厚紙必揭令薄方背若古紙去
其半損字精神一如摹書又以絹帖勒成行道一時平
直良久舒展為堅所隱字上却破京師背匠壞物不少
王詵家書畫屢被揭損余諭之今不復揭又好用絹背
雖熟猶新硬古紙墨一時蘇磨落在背絹上王所藏書
譜桓謝帖俱為絹磨損近好事家例多絹背磨損面上

背戌絹文余又以右軍與王述書易得唐文皇手詔以
隶花黃綾背詔面上一齊隱起花紋余尋重背以台州
黃巖藤紙硾熟揭一半背滑淨軟熟卷舒更不生毛余
家書帖多用此紙一一手背手裝方入笈古背佳者先
過自揭不開乾紙印了面向上以一重新紙四邊著糊
黏卓上帖上更不用糊令新紙虛繃壓之紙乾下自乾
慎不可以帖面金漆卓揭起必印墨余背李邕光八郎
帖光王珉也揭起黏上分墨在金漆卓上一月餘惜不

洗卓此帖今易與王詵上有唐氏雜迹陳氏圖書印得
于石夷庚昌言故物也後石檣第三厲少府到京帖王
因與以五十星洗鑼不肯易今居陳州有右軍古鳳池
紫石硯蘇子瞻以四十千置往矣古硯心凹所謂硯瓦
如銅瓦筆至水即圓古書筆圖有助于飛也今世傳古
盡晉賢圖猶存其製余收晉硯一智永硯一心如臼天
章寺僧所獻也
右軍唐摹四帖一帖有裹鮓字薛道祖所收命為裹鮓

帖兩幅是冷金硬黄一幅是楮薄紙摹右軍暮年更妙帖也其一幅云欲與彥仁集界上平自可且何所諧人乃王道平平其平字音便又見晉人語氣上有弘文印印在帖心面上不印縫四邊亦有小開元字印御府帖也

宋子房收得唐開元摹右軍帖未有李林甫等臣跋今歸王詵翰林印皆在也內異熱一帖歸薛紹彭

王詵收敕二道是賜浙西節度旌節與顏魯公前中書

門下如今制後郭子儀書名立人無下一畫字長題月日到真卿二字名如今落日押字左手下角孔目官名又知唐勑制皆真名不花押令時以片紙黏於前頭連勑落日書押字如常式文牒似不敬也三公第一等人各書名雖大紙吏文亦足收也許彥先有南州刺史告真卿二字吏部尚書時字甚淳勁

蘇耆書畫紀述與鳳師賞閱數日內史與王述書乃云此郡之弊不謂頓至於此諸逋滯非復一條獨坐不知

何以為治自非常才所濟吾無故捨逸而就勞歎恨無所復及爾交人事請託亦未見北都冀得小差須日當何理此帖刻在江南十八家帖中本朝以碑本刻入十卷中較之不差毫髮

又二帖云增慨安西是也上有筆精墨妙印蘇耆題二字余得於王詵以文皇手詔易之文皇詔宋素臣尚書家物余跋賛云龍彩鳳英天開日升亟戡多難力致太平雲章每發目動神驚

晁端彥收懷素與皇少卿簡大紙一軸筆勢簡古老筆也是書障索潤筆簡

呂昌道大夫家有懷素兩帖少年所書也今歸錢勰家

又王欽臣侍郎有懷素以詩代懷寄浩公碧綠地雜色繝上草書老筆特妙

呂穆仲侍郎收李陽冰白麻篆一卷筆細與縉雲石刻相似

文勛有一軸黃麻篆陽冰少時書

蘇台文收張從申墨迹一卷是唐坰物余未見夢英諸家篆皆非古失實一時人又從而贈詩使人愧笑

唐玄度諸體書粗有古意李璋家一様有兩册

世傳秦傳國璽多種唐同時傳二本題曰其一徐浩本其一越州刺史王密本徐嶠鈕王雀鈕何所審定相國寺中有刻作板本賣又一本潤僧收與印本又不同蓋以藍田水蒼玉為之取水德而魚蟲鶴蟾蛟龍多水族

物大畧是取此義以扶水德然帝王自有真符爾

闞景輝家刻石子敬帖節過觸事云云甚奇妙云真迹

在越州石元之大夫家今在其子縣尉處

畫摹多似人物馬牛尤易似書臨難似第不見真耳對

之則慚惶殺人

蘇州邵元伯中允之子收蘇沂所摹張顛賀八清鑑帖

與真更無少異又摹懷素自敘嘗歸余家今歸吾友李

鎛一如真迹

程師孟語余四十千置得古摹蘭亭一本白玉軸欲出示竟不曾取今在子宏處王安上曾見之

唐人摹右軍丙舍帖暮年書在呂文靖丞相家淑問處法書要錄載是臨鍾繇帖薛紹彭摸得兩本一以見贈

柳公權書陰符經有會昌月日姓名為馬玘借去未還今知其子永禧能保惜在合肥江南文房物也

王仲脩收唐湖州刺史楊漢公書有鍾法與襄州羅讓能書碑同余家亦收一幅後題會昌年臨寫鍾表今易

歸薛紹彭家

唐司議郎陸東之書頭陀寺碑前少兩幅獲于吳郡世未有此書內空山字後筆以氏族志撿之父名山才遂以為定及王詵處收錢氏陸臨蘭亭遂皆空山字王仲孜收蘭亭詩一卷詞云悠悠大象運殆是一種分開物

余以頭陀碑一幅及智永帖換宗室令穰歐書語箴一幅與薛紹彭分收

智永臨右軍五幅獲于吳郡末云玄度忽腫至可憂慮

疾侯自恐難耶史稱玄度服巨勝實莫知所終此可鑒也因託薛紹彭書考妣會稽公襄陽丹陽二太夫人告贄為潤筆薛以書畫還往出處必同每以鑒定相高得失評較余在漣漪寄君詩云老來書興獨未忘頗得薛老同徜徉天下有識誰鑒定龍宮無術療膏肓淮風吹戟稀訟牒典客閑閤閒壺漿吟樹對山風景聚墨池濯研鼉魚藏珠臺寶氣每貫月月觀桂實時飄香銀潢燭天限織女煙海括地生靈光攜兒乃是翰墨侶挾竹不

使輿衛將象管鈿軸映瑞錦玉麟棐几鋪雲肪依依煙華動勃鬱矯矯龍蛇起混茫持此以為風月伴四時之樂渠未央部刺不糾翰墨病聖恩養在林泉鄉風沙漲天烏帽容胡不東來從此荒

薛書來云購得錢氏王帖余答以李公炤家二王以前帖宜傾囊購取寄詩云歐怪褚妍不自持猶能半蹈古人規公權醜怪惡札祖從兹古法蕩無遺張顛與柳頗同罪鼓吹俗子起亂離懷素獦獠小觧事僅趨平淡如

盲醫可憐智永硯空臼去本一步呈千嗤（法帖所載可見）已矣
此生為此困有口能談手不隨誰云心存乃筆到天工
自是祕精微二王之前有高古有志欲購忘高貲殷勤
分治薛紹彭散金購取重跋題薛和云聖草神蹤手自
持心潛模範識前規惜哉法書垂世久妙帖堂堂或見
遺寶章大軸首尾具破古欺世完使離當時鑒目獨子
著有如痼病工難醫至今所収上卷五流傳未免識者
嗤世間無論有晉魏幾人解得真唐隋文皇鑒定號得

士河南精識能窮微即今未必無褚獠寧馨動欲千金
貲古囊織褾可復得白玉為躞黃金題蓋謂李弟索重
價難購也
薛書來云新收錢氏子敬帖獻之字上刮去二字以為
孤子余以為操之字俗人恐以為操之故刮去因寄詩
為梁唐不收慰問帖云蕭李駁子弟不收慰問帖妙迹
固通神水火土更劫所存慰問者班班在箱笈使惡乃
神護不然無寸札自此輒畫相後人眼徒狹君和云聖

賢尺牘間弔問相酬答下筆或無意與合自妍捷名迹後人貴品第分真雜前世無大度危亂相乘躡白髮如蓮帽騶馬似瓜貼觸事為不祥凶語棄玉蹝料簡純吉書乃有十七帖當時博搜訪所得固已狹于此半千歲歷世同灰劫真聖掃忌諱盡入淳化篋巍巍覆載量細事見廣業唐人工臨寫野馬成百疊硬黄脫真迹勾填本摹搨今惟典刑在後世皆可法

僻書來論晉帖誤用字余因作詩云何必識難字辛苦

笑揚雄自古寫字人用字或不通要之皆一戲不當問

拙工意足我自足放筆一戲空

余嘗硾越竹光滑如金版在油拳上短截作軸入笈番

覆一日數十張學書作詩寄薛紹彭劉涇云越筠萬杵

如金板安用杭油與池璽高壓巴郡烏絲欄平欺澤國

清華練老無他物適心目天使殘年同筆硯圖書滿室

翰墨香劉薛何時眼中見薛和云書便瑩滑如碑版古

來精紙惟聞璽杵成剡竹光凌亂何用區區書素練細

分濃淡可評墨副以谿嵓難乏硯世間此語誰復知千里同風未相見其論筆硯間物云研滴須琉璃鎮紙須金虎格筆須白玉研磨須墨古越竹滑如苔更須加萬杵自對翰墨卿一書當千户

無錫唐氏有雙鈎右軍十七帖有精彩錢塘僧了性收一卷楮紙一同唐垌家有一卷是錢氏物紙白唐氏又收碧綾黄庭經云是褚遂良書非也上有江南李重光清輝二字小印云是丁晉公家族人所質錢氏所收浩博帖云臣節分嚴外

無典掌之所故不簿上而諸位咸有法書臨搨甚多常州使
君景湛房下往往為人購去薛紹彭收肅宗千文是也
上皆有希聖字印忠孝之家圓錢印錢氏書堂印錢勰
房下有史孝山出師頌題作蕭子雲亦奇古又有寫白
樂天詩一首是唐人書亦秀潤天氣殊未佳顏魯公帖
緑素花綾是唐人勾填圈深墨淺夫金玉為罷毀之則
再作何代無工字者使其身在再寫則未必復工蓋天
真自然不可預想想字形大小不為篤論人人若同此

中妙懷素自言初不知却是造妙語既再作不可復得搨而藏諸何陋之有

古帖多前後無空紙乃是剪去官印以應募也今人收貞觀印縫帖若是黏著字者更不復再入開元御府蓋貞觀書武后時朝廷無紀綱駙馬貴戚丏請得之開元購時剪印不去者不敢以出也開元經安氏之亂內府散蕩乃敢不去開元印跋再入御府也其次貴公家或是賂入須除滅前人印記所以前後紙慳也今書更無

一軸有貞觀開元同用印者但有建中與開元大中弘文印同用者皆此意也唐自是習成祕閣風氣相髙至梁客將太常卿張廷範唐賊猶收書至多賊侵衣冠士崇殖貨所謂奪倫是何氣象姑蘇衣冠萬家每歲荒及迫節往往使老婦駔儈書畫出售余昔居蘇書畫遂加多

管軍苗履長子忘其名癸未歲都下法雲寺解后去長安一大姓村居家其石匣中所藏玉軸晉魏古帖數十

軸目嘗見之余每入夢想洛陽有書畫友每約不借出各各相過賞閱是宋子房言其人屢與王詵尋購得書余嘗目為太尉書駔平生欲調洛蘇一官以購書畫不可得今老矣目加昏鑒不能精也

胡奕脩家有徐浩書經未見

真紙色淡而匀静無雜漬斜紋皴裂在前若一軸前破後加新甚衆

薫紙煙色上深下淺染紙濕色紙紋棲塵勞紙作熏紋

軟
畫可摹書可臨而不可摹惟印不可偽作作者必異王
詵刻勾德元圖書記亂印書畫余辨出元字脚遂伏其
偽木印銅印自不同皆可辨
印文須細圈須與文等我太祖祕閣圖書之印不滿二
寸圈文皆細上閣圖書字印亦然仁宗後印經院賜經
用上閣圖書字大印粗文若施於書畫占紙素字畫多
有損於書帖近三館祕閣之印文雖細圈乃粗如半指

亦印損書畫也王詵見余家印記與唐印相似始盡換了作細圈仍皆求余作篆如填篆自有法近世填皆無法如三省銀印其篆文皆反戾故用來無一窠相不被罪雖沒猶貶中書仍屬絕省公卿名完則朝廷安也御史臺印左戾史字倒屈入用來少有中丞得免者宜撫使印從亡自置鮮有復命者人家私印大主吉凶也

貞觀開元皆小印便於印縫弘文之印一寸半許開元有二印一印小者印書縫大者圈刋角一寸已上古篆於鸛鵒頌上見之他處未嘗有

王詵每余到都下邀過其第即大出書帖索余臨學因

櫃中翻索書畫見余所臨王子敬鵝羣帖染古色麻紙滿目皺紋錦囊玉軸裝剪他書上跋連於其後又以臨虞帖裝染使公卿跋余適見大笑王就手奪去諒其他尚多未出示又余少時使一蘇州背匠之子呂彥直今在三館為胥王詵嘗留門下使雙鉤書帖又嘗見摹黃庭經一卷上用所刻勾德元圖書記乃余驗破者

本朝太宗挺生五代文物已盡之間天縱好古之性真造八法草入三昧行書無對飛白入神一時公卿以上

之所好遂悉學鍾王至李宗諤主文既久士子始皆學其書肥褊樸拙是時不謄錄以投其好用取科第自此惟趣時貴書矣宋宣獻公授作參政傾朝學之號曰朝體韓忠獻公琦好顏書士俗皆學顏書及蔡襄貴士庶又皆學之王荆公安石作相士俗亦皆學其體自此古法不講能隸書者武勝留後劉瑗能草書者承議郎滕中宗室仲忽能行書者宣德郎鮑慎由能篆書者宣德郎趙霆已上是學古人書者餘未見

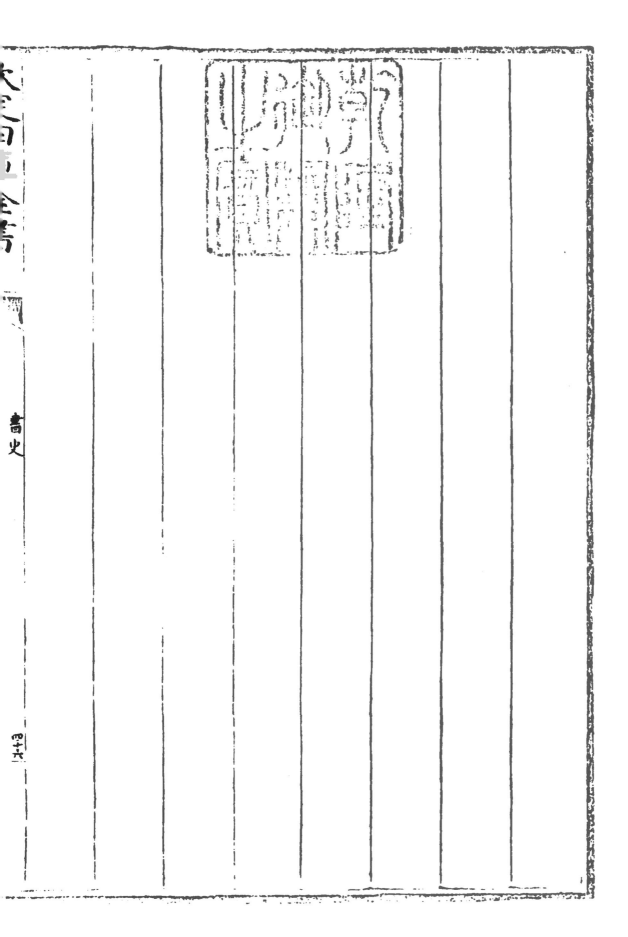

書史

仿古版文淵閣四庫全書

子部・畫史 書史

編纂者◆（清）紀昀　永瑢等
董事長◆施嘉明
總編輯◆方鵬程
編印者◆本館四庫籌備小組
承製者◆博創印藝文化事業有限公司

出版發行：臺灣商務印書館股份有限公司
台北市重慶南路一段三十七號
電話：(02)2371-3712
讀者服務專線：0800056196
郵撥：0000165-1
網路書店：www.cptw.com.tw
E-mail：ecptw@cptw.com.tw
網址：www.cptw.com.tw

局版北市業字第 993 號
初版一刷：1986 年 5 月
二版一刷：2010 年 10 月
三版一刷：2012 年 10 月
定價：新台幣 900 元　A7620077

國立故宮博物院授權監製
臺灣商務印書館數位製作

ISBN 978-957-05-2776-6

國家圖書館出版品預行編目 (CIP) 資料

欽定四庫全書．子部 ： 畫史 書史／（清）紀昀， 永
瑢等編纂． -- 三版． -- 臺北市 ： 臺灣商務，
2012. 10
面； 公分
ISBN 978-957-05-2776-6（線裝）

1. 四庫全書

082.1 101021432